NOCES D'OR

DE

Monsieur l'Abbé LEMAIRE

TOAST

PORTÉ

AUX NOCES D'OR

DE

 Monsieur l'Abbé LEMAIRE

Curé de Metz-en-Couture

---

19 Juillet 1897

PÉRONNE

Imprimerie Eug. QUENTIN

33, Grande Place, 33

1897

TOAST

PORTÉ

AUX NOCES D'OR

DE

Monsieur l'Abbé LEMAIRE

A ce rivage hospitalier
Un jour aborde ma nacelle.
Je n'étais qu'un pauvre voilier :
Rien ou peu dans mon escarcelle.
On me fit le meilleur accueil.
Depuis, plusieurs fois la tempête,
La peur du récif, de l'écueil,
Peut-être un souvenir de fête
M'ont ramené dans ce port sûr,
Où l'océan n'a point d'orage,
Où le ciel est toujours d'azur.
Qu'il est lointain le premier âge
Où nous nous sommes rencontrés !

Que d'existences disparues !
Que de navires engouffrés !
Que d'eaux ont coulé dans les rues !
Et mon fragile esquif encor
Vogue sur la mer ténébreuse
Pour aboutir aux noces d'or,
A la rive toujours heureuse.
O rivage trop fortuné,
S'il savait goûter l'avantage,
Qui par le ciel lui fut donné,
D'un tel amour et d'un tel gage !

Quel spectacle s'offre à mes yeux !
Quel chant réjouit mes oreilles
Et monte de la terre aux cieux !
Vit-on jamais fêtes pareilles !
Ah ! c'est votre digne pasteur
Qui fait l'objet de l'allégresse.
Il mérite à bon droit l'honneur
Et la couronne que lui tresse
L'amour ému de ses enfants.
Brillante est la cérémonie.
Qu'ils sont beaux les arcs triomphants !
Qu'elle est suave l'Harmonie
Dans ses accords aussi divers
Qu'ajustés à la circonstance !

Comptez des troncs les rameaux verts ;
Comptez de la reconnaissance
Les témoignages variés.
O peuple de Metz-en-Couture,
Ils ne sont pas avariés
Les signes de toute nature
Par lesquels ta vivace foi
Manifeste sa gratitude,
Se faisant une douce loi,
Une généreuse habitude
De récompenser le gardien
De tes traditions antiques,
Ce bon père qui fut le tien
En des temps parfois héroïques
Et jamais à sa mission
Ne faillit aux yeux de l'Eglise,
De l'honneur et de la raison,
Résigné jusqu'au sacrifice
Pour rester avec son troupeau,
Lui servir de constant modèle
Et lui laisser son cher tombeau,
Suprême gage de son zèle,
Dernier souvenir de son cœur,
Eternel témoin de concorde,
Silencieux prédicateur
De la Grande Miséricorde

A travers les éternités,
Voix muette, mais éloquente,
Flagellant les iniquités
Avec une force croissante !

Tout chante en ce jour solennel :
Les voix, les cœurs, les harmonies
D'un concert que tous voudraient tel
Qu'il eût des notes infinies
Dont l'écho fût répercuté
Des rivages du temps mobile
A l'immobile éternité
En cent vibrations, en mille.
Voici que vers le temple saint
S'avance l'heureux jubilaire,
Ayant au cœur même dessein,
Précieux, vivant reliquaire
Où sont gardés fidèlement
Les sentiments du sacerdoce
Depuis l'ineffable moment
Où sur tout homme et toute chose
Fut élevé l'élu de Dieu.
Sa main droite porte le cierge.
Il entre ému dans le saint lieu,
Prêtre toujours et toujours vierge,
Pour offrir, devenu vieillard,

Au Dieu qui charma sa jeunesse,
Qu'il voulut servir tôt et tard
Dans une pieuse allégresse,
La Victime que le Voyant
Annonçait dès les temps bibliques
Et que de l'aurore au couchant
Sur tous les autels catholiques
Pure, sans tache il nous montrait.

O messe du cinquantenaire,
Qui pourrait rendre ton portrait ?
En vain j'essaîrais de le faire.
Comment renfermer cinquante ans
Dans le creux d'un petit calice ?
Autant mettre les océans
Dans un vase à mince orifice.
Cinquante ans de confessions,
D'incessants travaux, de souffrances,
De messes, de communions,
Où les candides innocences
Et les vertueux repentirs
Etaient mêlés dans le calice
Avecque les pieux désirs
Et présentés en sacrifice
Par le prêtre chaque matin
Au Dieu qui volontiers se donne

Dans l'eucharistique festin
Et non moins volontiers pardonne
Aux cœurs contrits et repentants !
Cinquante ans de persévérance
A former l'âme des enfants,
A servir l'Eglise et la France,
A tenir ferme le drapeau
Et du dogme et de la morale,
A bénir et tombe et berceau,
A montrer la paix générale
Dans l'acquit de tout son devoir
Envers Dieu comme envers les hommes,
Que l'on habite un beau manoir
Ou qu'on réside sous des chaumes !
Cinquante ans de rudes combats
Au service des chères âmes,
Sans reculer jamais d'un pas
Devant le fer, devant les flammes !
Qui pourrait dignement chanter
Un semblable cinquantenaire !
O prêtre, il vous faut rassembler
Dans une sublime prière
Tous ces ans passés en labeurs,
En contradictions, en peines,
Tantôt en fécondes sueurs,
Tantôt en anxiétés vaines.

Et tout mêler au sang divin
Dans le calice salutaire
Que va présenter votre main
En sacrifice à Dieu le Père !
Ames des vivants et des morts,
Venez à côté de l'hostie,
Et que le prêtre offre vos sorts,
Les mêle avec l'Eucharistie
Et dise à Dieu : Voilà, Seigneur,
Les âmes par vous confiées
A la tendresse de mon cœur,
Qu'elles ne soient point oubliées ;
Que la souveraine Bonté
A jamais se souvienne d'elles
Et dans l'heureuse éternité
Les place toutes immortelles !
Telles sont les intentions
Que doit renfermer le calice
Et les commémorations
Qu'après cinquante ans de prêtrise
Fera monter au saint autel
Le vénérable jubiliaire.
O jour à jamais immortel !
O messe de cinquantenaire !

Des chants — soudain l'orgue s'est tu —

L'écho, sous les voûtes sacrées,
Dans les fiers arceaux s'est perdu
En vibrations étouffées.
Un prêtre au port digne, imposant,
Gravit les degrés de la chaire.
Il est l'ami, le confident
Du vénérable jubilaire.
Sa parole va droit aux cœurs.
Alerte, vivante, imagée,
Elle retrace les labeurs,
La vie active, tourmentée,
Les espoirs maintes fois déçus
Sans que le cœur au bien se ferme,
Les desseins à peine perçus
Et de suite menés à terme,
La chapelle que le pasteur
En l'honneur de l'Immaculée
Avec son argent et son cœur
— La foi s'en est aussi mêlée —
Fit construire à deux pas d'ici,
La restauration brillante,
Objet de l'incessant souci,
Des veilles de son âme ardente,
Qu'il accomplit, non sans grands frais,
Dans l'intérieur de cette église
Dont on peut dire en termes vrais :

Oh ! quel magnifique édifice !
Ce passé noble, glorieux,
Digne de figurer au livre
De la terre, surtout des cieux,
L'orateur au public le livre
Avec l'accent ému du cœur
Qui dans la nombreuse assistance
Fait couler plus d'un aimé pleur.
Tant il est vrai que l'éloquence
Dans le cœur trouve son foyer
Et que toujours l'âme sincère
Sera le meilleur plaidoyer !
L'émotion du jubilaire ;
Celle de tous les assistants ;
L'émouvant récit d'une vie
Où se confondent les instants
Heureux ou marqués par l'envie ;
Les innombrables souvenirs
Qui se pressent dans la mémoire
Et qui donnent aux avenirs
Des gages certains de victoire ;
Cette église que l'ouvrier
De toutes parts a rajeunie,
Tâchant de ne rien oublier,
Si ce n'est lui, pierre vieillie,
Mais qu'avec amour polissait

La main du divin architecte
Pour en faire un marbre parfait
Dont le ciel entier se délecte ;
Le sacre de deux monuments
En cette fête inoubliable :
De l'un pour l'éphémère temps,
De l'autre, édifice durable,
Pour la constante éternité ;
De l'un, demeure passagère
Qu'habite le Dieu de bonté
Dans son exil sur cette terre,
De l'autre, calice vivant
Dont le Dieu de toute justice
Fera plus tard un diamant
Pour son éternel édifice :
Tout en ces moments solennels
Est de nature à mettre en l'âme
Des pensers graves, éternels,
Au cœur la plus ardente flamme.

Orateur, vous avez fini ;
Vous êtes descendu de chaire.
Le thème serait infini
Sur l'honorable jubilaire.
Vous avez dit au bon Jésus :
Je sens mes lèvres impuissantes

A célébrer tant de vertus.
Des voix beaucoup plus éloquentes
Achèveront ce que ma voix
N'a pu qu'ébaucher à grand' peine,
Aussitôt réduite aux abois
Et poussant une clameur vaine :
La voix des monuments d'airain
Que partout éleva son zèle
En l'honneur du Dieu souverain
Et de son Eglise immortelle ;
La voix des cœurs reconnaissants,
Heureux d'adresser au bon père
D'unanimes remercîments
Dans une fervente prière ;
La voix des âmes qui du ciel
Veulent prendre part à la fête
De celui qui sans peur ni fiel
Les préserva de la tempête
Et les fit aborder au port
De l'éternité bienheureuse ; —
Peut-on plus désirable sort,
Affection plus généreuse ? —
La voix du Rémunérateur
Qui dans la divine balance
Pèse les mérites du cœur
Et donne juste récompense ;

Enfin la voix même du temps
Qui tôt ou tard rendra justice
Aux magnanimes sentiments
De toute pieuse entreprise.

Le sacrifice est achevé.
A deux genoux le jubilaire
D'un ton vibrant et élevé
Redit à son céleste Père
Qu'il est et restera toujours
La part de son doux héritage,
De son calice, ses amours
Jusqu'aux confins du dernier âge.
Les larmes étouffent sa voix.
Dans une vision sublime
De la sainteté d'autrefois
Il aperçut la haute cime,
Et son regard terrifié
Se couvrit d'un lugubre voile,
Et de son cœur pétrifié,
Comme en une nuit sans étoile
Celui du brave matelot
Qu'étreint la crainte d'un naufrage,
Enfin s'échappa le sanglot
Qui lui rendit force et courage.
A ses yeux humides de pleurs,

Dans une brillante auréole,
L'ami de toutes les douleurs
Qu'il consolait par la parole,
Par l'exemple et par les bienfaits,
Vincent de Paul, et son modèle,
Camille, en messagers de paix
Etaient apparus, et son zèle
Auprès d'eux s'était rallumé,
Et dans son cœur la confiance,
Au lieu de l'effroi désarmé
Qui n'était plus que souvenance,
Avait repris son poste sûr,
Et la mer était sans tempête,
Et le ciel rayonnait d'azur,
Et l'on continuait la fête.

Deux cents ans se sont écoulés.
Un homme par Metz-en-Couture,
Dont les foyers toujours peuplés
S'adonnent à l'agriculture,
Dirige ses pas nonchalants.
Il s'arrête devant l'église,
Admire de ses regards lents,
Dans l'intérieur de l'édifice
Pénètre seul avec respect.
Les décorations si belles

L'enthousiasment. Leur aspect
Le jette en des extases telles
Qu'il demeure là bien longtemps
En contemplation muette,
Ne songeant pas aux longs instants
Passés à payer cette dette
Qu'on nomme l'admiration.
Il sort, rencontre des fidèles,
Et, sans cesse sous l'action
Des œuvres grandes, immortelles,
Dont le souvenir en son cœur
Se grave en traits inneffaçables,
Demande quel en est l'auteur.
De ces merveilles ineffables,
Répondent les interpellés,
Nous ignorons tous l'origine.
On raconte qu'aux temps passés
Un prêtre à la vertu divine
Séjourna parmi nos aïeux,
Jamais il n'encourut de blâme.
Assurément il est aux cieux :
C'est l'intime foi de notre âme.
Mais quel en est le nom béni ?
Personne ne saurait le dire.
C'est le secret de l'Infini :
Nous ne pouvons y contredire.

Comme pour l'ouvrier caché
De nos antiques cathédrales,
Son nom perdu n'est conservé
Que dans les célestes annales.
Volontiers les traits disparus
Du bienfaiteur incomparable
A nos yeux seraient apparus
Dans un cadre inimaginable.
Que ne l'a-t-on représenté,
Selon la belle portraiture
De la chrétienne antiquité,
Sur son tombeau d'une main pure
Offrant le temple rajeuni,
Celui de la céleste Reine,
Au Dieu cent et cent fois béni,
A la Majesté souveraine !

Pilote, vite au gouvernail.
A l'horizon déjà s'incline
Le soleil. Un nouveau travail
De par la volonté divine
S'impose à notre volonté.
Matelots, pesons sur les rames.
Que l'ordre soit exécuté,
Et que l'on prenne garde aux lames.
Appuyés sur nos avirons

Comme prêts à mettre à la voile,
Au meilleur des amphytrions
Levons la coupe qui dévoile
De l'âme l'intime penser,
Du cœur l'invincible espérance.
Le ciel permet de tout oser
Et d'avoir pleine confiance,
Quand d'un vénérable pasteur
On fête le cinquantenaire
Et qu'on lui dit du fond du cœur :
Vivez longtemps sur cette terre.
Chers convives aux noces d'or,
Levons nos coupes frémissantes.
Cela ne suffit pas encor
A nos âmes reconnaissantes.
Sans rien prendre sur l'avenir
Dont le Maître à son gré dispose,
Réglant dans les temps à venir
La place qu'aura chaque chose,
Voyons le solennel moment
Que nos voix et nos cœurs désirent ;
Et qu'aux noces de diamant
Nos unanimes vœux aspirent.
Au revoir donc, bien chers amis,
Et que le désiré spectacle
Nous trouve encor tous réunis

Dans le même et joyeux cénacle.
Pilote, au gouvernail. L'esquif
Attend votre œil et votre droite
Pour le garder de tout récif.
Que la manœuvre soit adroite.
Mais il m'advenait d'oublier.
Avant de détacher le câble
De mon impatient voilier
Et de faire à la foule aimable
Un salut suprême et chrétien,
Permettez, nobles dignitaires
D'un diocèse ami du mien,
Que j'incline devant des frères
Dont la vaillance a mérité
Une glorieuse épaulette,
Un front couvert d'humilité
Pour acquitter la lourde dette
De leur accueil si bienveillant,
Les faisceaux de ma poésie
Qui n'eût été qu'airain sonnant
Sans leur féconde sympathie.
A vous enfin, confrères sûrs,
Prêtres aussi vaillants que graves,
Comme moi combattants obscurs,
Mais plus que moi pieux et braves,
J'adresse un salut fraternel

Et dis : frères d'armes, courage,
Car le rendez-vous éternel
De nos efforts sera le gage.
Dans un chaud serrement de mains
Jurons l'invincible alliance
Des deux diocèses voisins
Et pour l'Eglise et pour la France.

BRIDOUX,

Curé de Nurlu.

www.ingramcontent.com/pod-product-compliance
Lightning Source LLC
LaVergne TN
LVHW020646180726
843502LV00006B/2271